AF581389

PITIT LESPRI, PLIMAPAPYE VOL. 2

GRANGOU

Nèg mòn • Forèdèpen • Kwabosal

GÉRALDSON PIERRE

Liv otè a ekri deja :
Pitit Lespri, plimapapye : lekòl – dwòg – rap kreyòl – Site Solèy (2013)

Sipèvizyon
Communication Plus... Livres

Po liv la ak makèt la
Rody Victor

Foto
Verilux Film

La main forte
Pascale Théard Création
Ralph Youry Chevry
Carl Henry Desmornes
Atelier Mikerson Jean

ISBN : 978-99970-65-05-6

Depo legal 16-02-045
Bibliyotèk Nasyonal d Ayiti
Liv sa a fin enprime an me 2017
nan Darlie Imprimerie
66, ri Nicolas
Pòtoprens, Ayiti

*Mèsi papa m, gran frè m Jezi,
manman m Anjelie Marseille, fanmi Pierre
e Fritzner Pauliné, ak ou menm fanmi,
zanmi, ènmi, ki ankouraje lide sa a.*

POU M KÒMANSE

Bonjou frè m, sè m, lektè m yo. Padone tout erè ki fè ide sa a sòti. Mèsi pou tout moun ki te pote kritik yo sou volim 1 an. Nou panse ak kritik ou yo, nou vin pi gran. Toujou pote kritik pozitif ou negatif, pandan n ap toujou konseye w kenbe pou pi piti nan men w yon kreyon pou ekri e pou li pou konprann, konprann pou aprann, aprann pou byen travay…

Se sa nou vin ofri w nan liv sa a. Tout moun fèt ak Lespri, Plimapapye pou jistifye.

« Pawòl yo prale men ekriti yo ap rete. »

Mwen pale de grangou kòm yon dwòg natirèl k ap domine tout sa ki gen lavi : bèt yo, pyebwa yo pou rive nan moun, machin, avyon, bato, telefòn ak anpil lòt bagay n ap sèvi ki bezwen yon rezèv enèji pou li ka mache.

Nèg mòn : yon non yo bay moun ki sòti andeyò kapital peyi d Ayiti ; se pa yon jouman ni yon defo.

Forèdèpen : yon sèl forè pou tout peyi a.

Kwabosal : yon mache ki la anvan Ayiti te Ayiti e ki toujou vivan nan lavi Ayiti.

Timoun, jèn granmoun, aprann pi byen pandan n ap ankouraje li ak ekri pou nou konbat « je pete klere ».

Ankouraje pwojè sa a se ankouraje literati ayisyèn nan mete bèl lang kreyòl nou an anvalè, pote *la main forte* nan konbat grangou pou nèg mòn, nan mache Kwabosal. Panse a sèl grenn forè nou genyen an.

Pa fè fotokopi liv sa a, pa prete moun liv sa a…

Li ak bon sans.

GRANGOU

Jodi a se avèk anpil plezi, kè kontan m ap itilize lespri, plimapapye pou mwen ekri chapit sou grangou.

Moun ki te li volim 1 an wè mwen te siyale pa gen pi gwo dwòg pase grangou. Ou ka sezi !

Men depi w grangou se tankou ou te fimen, bwè, pike, rale nenpòt lòt dwòg. Se sèl manje ki ka frennen vitès dwòg sa a.

Wi grangou se yon efè natirèl ki frape tout moun ki gen vi, ou ka di l nan lòt lang *faim*, *hungry, hambre*. Men nan lang kreyòl la se grangou.

« Chen grangou pa jwe. »

Mwen di grangou se yon dwòg natirèl, gen moun ki dakò, genyen ki pè paske mwen di se dwòg li ye.

Ou gen dwa gen chwa pou ou manje maten sa w renmen, midi ou manje byen, aswè ou soupe anvan ou dòmi, men ou konnen ay nan grangou kanmenm.

Mwen gen yon zanmi m ki se yon gwo lidè politik, li di mwen li renmen manje anpil pou l jete manje, poutan li pa ka soufri grangou.

« Depi m grangou mwen sou, mwen wè nwa, mwen soud. »

Nan liv sa a, nou pral konprann grangou pa ni *faim*, ni *hungry*, ni *hambre*.

Grangou se : soufrans, san espwa pou jwenn manje. « Manke entèlijans » daprè profesè Daniel Laurent.

Gen moun ki ale pi lwen ki di « grangou se yon dyab paske sentòm sa a bay twòp pwoblèm. » Chak moun ba li yon non.

Mwen menm, m wè moun ki soufri grangou chak jou ki jou, pandan nou konnen gen òganizasyon nasyonal kou entènasyonal ki di y ap konbat grangou. Sou 8 milya moun konsa k ap viv sou Tè a, gen vanse 1 milya moun ki soufri grangou.

Soufrans : Nan grangou, sa se premye ay la. Ou kòmanse santi yon sentòm k ap pase nan kò a ; ki pral vini ak yon doulè, gen dwa se anba ké fé mal, vant fè mal, tèt fè mal, souf kout, pa wè klè, latranblad ki pral vini ak feblès, fatig. Sa yo se kèk siy ay soufrans grangou a.

Ti janm li yo fèb, ti souf li kout, li pa gen fòs pou l byen kenbe kò l, ou ka kontwole tout ti zo kòt li. Se reyalite yon moun ki nan soufrans grangou.

San espwa : Se dezyèm *ay* la ki pral fè w abitye ak soufrans grangou a paske ou gentan nan soufrans lan, ou pa gen espwa pou al ranplase vitamin ou te pèdi nan soufrans lan pandan sentòm yo t ap pase nan kò a.

Kè l pa janm fin kontan, li renmen jwe men li toujou akaryat, li toujou ap panse kisa li pral manje pita.

Pa jwenn manje : Se twazyèm *ay* la ki pral rann kò a pèdi tout vitamin li bezwen pou l devlope.

Depi kò a pa gen vitamin A, B, C, D, E, li p ap konn li ni li p ap konn ekri, sa vle di moun ki soufri twòp, ki san espwa, ki pa jwenn manje, kò li pa ka devlope. Li manke entèlijans pou l rive devlope sèvo l, pou l konnen sa l vo, sa vin rann li gen yon ti kras tan pou l viv.

Nou wè anpil kote nan mond lan ki gen grangou timoun yo fèt piti, yo soufri maladi kwatchòkò. Moun yo pa gen vitamin pou kò yo ak sèvo yo aktif.

Li dòmi san manje, li leve san manje, li fenk kare soufri paske li pa gen espwa pou l jwenn manje.

Li tèlman soufri li vin yon pa ka tann tankou Bouki ki kondane pou 101 jou, li touye tèt li sou 100 jou.

KILÈ YON MOUN GRANGOU ?

Yon moun grangou se lè li leve maten li pa pran menm yon kafe ak pen, 10 zè-2 zè mete pye sou li, san li pa manje yon aleken. Depi lè sa a li kòmanse soufri grangou pou jounen an. Li pa gen espwa pita, li pase yon nwit blanch, li dòmi san manje. Li leve *ay* nan grangou tankou moun ki pran dwòg.

Mwen gen yon zanmi fi pitit yon gwo zouzoun.

Fi sa a pa t janm konn soufri grangou, li tande pale de li. Men li pa te janm rive nan pwen pou l grangou.

Li mande m pou m ede l fè eksperyans sa a. Yon jou m envite li vin pase yon jounen avè m, nou pase maten jiskase li prale nan aswè nou pa t manje. Lè li te rive lakay li, li te dekonpoze.

Yo kouri lopital avè l. Apre tout tès doktè a di « se manje li pa t manje depi m maten ». Se te premye fwa fi sa te soufri grangou konsa. Aprè sa li te di m li p ap janm fè eksperyans sa a ankò, kounye a depi yon moun di li grangou, li konprann sa moun sa a ap pase.

KI KOTE KI GEN GRANGOU ?

Bon lektè pa m yo, tout kote sou latè gen grangou. Kote ou pa ta panse gen grangou.

Depi ou fè yon jounen san manje ou kòmanse soufri grangou.

Gen grangou ki ankadre dèyè gwo baryè, bèl machin kanpe nan lakou poutan gen nenpòt mwa se bave chen k ap tranpe kasav yo tèlman bagay yo rèd.

Genyen yon eleman ki kalsitran ki pa manje nan men nenpòt moun, ki pa manje nenpòt bagay tou. Yon jou, gen yon grangou ki tonbe lakay eleman sa. Frijidè vid, kizin blanch, li pran lari a li kwaze ak yon patnè li nan zòn nan. Li di misye :

– Sa k ap fèt ?

Patnè a di :

– Nèg la ou konnen, m ap boule anba grangou.

Eleman an di l :

– Ou gen bagay nan men w, w ap di w grangou.

Patnè a di :

– Zanmi m, yon dam ki sòti nan makèt, sache l twò plen, li gen yon sache pen ki tonbe nan dlo sal bò pye m nan, mwen tou pran li pou m al frape ak 2 zaboka m gen lakay la.

Eleman an di :

– Sa je pa wè, kè pa tounen.

Lè yo rive, patnè a rale 2 zaboka pouri li bay eleman an youn ak pen, li pran youn ak pen.

Lè eleman fin manje li di :

– Aaa ! Si papa m konnen sa mwen sot manje la, li mennenm lopital rapid. Men vant mwen plen m pa grangou ankò, mèsi patnè mwen.

KISA GRANGOU LAKÒz ?

Grangou lakòz yon pakèt maladi ak anpil zak danje k ap pase chak jou sou Tè a.

Espesyalman nan *ghetto* yo, sitou nan peyi m Ayiti, 80 % move zak k ap fèt se grangou ki lakòz yo.

Sa w di m la !

Sa w li a zanmi m : Grangou fè nèg save tounen iletre devan nèg sòt.

Sa w di m la !

Sa w li a zanmi m : Grangou fè fanm fè bouzen pou manje.

Sa w di m la !

Sa w li a zanmi m : Grangou fè jèn gason lage nan volè vye bagay nan men moun ki pa ka menm vann pou yon plat manje.

Grangou fè tout granmoun nou yo sanble ak lougarou, vye dyab. 70 % timoun ann Ayiti gen karans an vitamin yòd. Yòd se yon vitamin ki rann sèvo a an kontak ak kò a. Ki fè kò a ka reponn apèl sèvo a.

Manje pa fasil ann Ayiti, poutan ou wè plis machann manje nan lari, yo menm pwomennen manje kwit tankou se likidasyon, se atò gen moun k ap soufri grangou.

Sa w di m la !

Sa w li a zanmi m : Gen kote moun ap bwè medikaman pou jwenn apeti pou manje, gen lòt kote gen apeti pa gen manje.

> « Li lè pou chak Ayisyen nan peyi m
> ka manje. » **(Freedom, *Delivre*)**

Sa w di m la !

Sa w li a zanmi m : Te gen yon jèn tifi 16 zan ki te fè yon pitit gason, yon jou pitit la ap kriye pou manje, li pa gen manje pou l ba li, li pran bat li pou l ka pe. Pandan l ap bat li, pitit la rive dekonpoze nan men l, li pa konnen, li bat li pi rèd. Pandan yon ti tan li pa santi souf li menm. Lè tifi a gade byen, se mouri pitit gason yon lane a te mouri. Tifi an tèlman sezi, li te tou mouri.

Sa w di m la !

Sa w li a zanmi m : Gen yon zanmi ki te leve ak yon rasta nan menm katye depi yo piti. Zanmi sa a pa ka soufri grangou, depi l grangou li kriye. Lè li vin grandi, bagay yo vin pa bon pou paran zanmi an.

Yo te vin kite zòn nan. Yon jou zanmi an wè rasta, li di l :

– Rasta m paka kenbe ankò, mwen manje fèy.

Rasta a di :

– Kijan zanmi m ? Zanmi an di :

– Rasta m lage nan po pwa, mwen pa reyèl ankò.

Rasta a di :

– Mwen poko klè, zanmi m !

Zanmi an di :

– Mwen se masisi wi rasta.

Rasta a di :

– Sa w di m la ! Zanmi an di :

– Yon bagay konsa li ye wiii Rasta.

Rasta a di :

– M la anndan pwadjèt la m ap peze grangou (Izi one, M ap di l)

Sa w di m la !

Sa w li a zanmi m : Grangou fè timoun yo tounen kokorat, mandyan, fè lòt moun ki pi gran itilize yo jan yo vle pou satisfè bezwen yo.

Sa w di m la !

> Sa w li a zanmi m : « Men lè ou grangou, rete, pa vòlè sann. » **(Majik Klick, G-no, *Degenerasyon*)**

Anjelie Marseille toujou di : « Grangou se yon nanm ki ka fè w fè nenpòt bagay, ou menm ou gen pou devwa pa abitye ak manje pou kapab fè rezistans. »

Tant Zègèt di : « Grangou se yon dyab paske ou pa janm p ap manje ou toujou grangou. »

Si tèlman dwòg sa frajil ki fè yo ba li tout non sa yo.

Sa w di m la !

Sa w li a zanmi m : Grangou fè djòl moun santi wi.

Sa w di m la !

Sa w li a zanmi m : Grangou fè moun yo fè gwo maladi tankou : ilsè, tebe, bokyè malnitrisyon ak anpil lòt.

Yon moun grangou se yon moun ki an danje anpil…

KIYÈS KI RESPONSAB GRANGOU YON MOUN ?

Leta dwe degaje l tout jan, tout mannyè, pou tout moun jwenn ase pou yo kapab manje. Li ekri nwa sou blan nan manman lwa peyi yo.

Grangou yon moun sou responsablite moun nan anvan (si l pa yon timoun).

Aprè sa, Leta dwe mete bon kondisyon pou bay tout moun travay pou yo manje.

Nou raple nou rèv grangou Joseph te fè Farawon nan peyi Ejip konprann nan, nou te wè tout dispozisyon ki te pran pou sa pa t rive fè plis dega (Istwa Labib).

> « Peyi n depann de moun, poutan moun toujou grangou. » **(Brital, BC, *Jiska prezan*)**

Leta, sektè prive, òganizasyon lokal kou entènasyonal, mete tèt ansanm pou n bay moun yo manje.

Pi gwo pwoblèm nou se grangou !

Grangou vin pi serye pase anvan.

Pawòl Doktè J.B. Aristide (ansyen prezidan d Ayiti).

« Lapè nan vant » se te mouvman pou kwape grangou sou rejim Lavalas la.

Chak 6 segond, gen yon moun ki mouri grangou nan mond lan. Si n te ka depolitize l anvan nou politize l konsa, mwens moun t ap soufri grangou.

Grangou kay zannimo ak pyebwa yo

Se pa moun sèlman ki soufri grangou, bèt yo konn grangou tou.

Nou abitye ak pwovèb sa yo :

« Chen grangou pa jwe »

« Kou vant chat plen ke rat anmè »

« Chen kay pòv san wont »

« Malere pa gade zannimo »

« Nan move tan kabrit trennen bèf ».

Tout pwovèb sa yo se pou montre w se pa moun ki soufri grangou sèlman.

Pyebwa yo si yo pa byen nouri yo p ap pouse, si zannimo yo pa jwenn manje y ap gen raj.

Defen Luidny Saint-Vil te renmen di :

« Marengwen yo pa gen manman ak papa, se sou moun pou yo nouri. »

Se pou zannimo yo byen manje pou yo ka bay sèvis la pi byen. Pou jwenn bon lèt bèf se pou bèf la byen manje zèb. Pou chwal ou anfòm li dwe byen manje, se pou bourik yo, kabrit yo mare bon kote nan bon zèb.

Tankou fomi, yo renmen sere manje pou lè sa pa bon, sa vle di yo konnen gen grangou.

Pandan nou konnen bèt yo beni palagras Bondye, manje, bwè pa sou kont yo paske Tè a ofri yo bon zèb, grenn ak dlo pou yo bwè.

Jezi te di : « Gade zwazo yo, yo pa plante, yo pa rekolte men yo manje, yo bwè e pa gen moun ki janm pi byen abiye pase yo. »

MANJE

Se tout bagay ou ka mete nan bouch ou, brase l epi ou vale l. Ou manje pou vant ou plen pou ou pa grangou, ou dwe manje sa ki bon, sa ki gou, sa ki gen vitamin, anpil fwi, sa ki sòti nan Tè ak sa ki sòti nan lanmè.

> « M se yon real Nego s, depi m ap bwase m pa ka pa manje. » **(Bla-k Family, *Yo bezwen kill mwen*)**

Moun grangou pa manje pou gou, se pou plen trip. Moun grangou pa nan chèlbè desè ; se plen vant ou, manje pou lè w pa jwenn pou ka kenbe.

Gen moun depi l ap manje li pa gen zanmi. Menmjan ak Robert lè kiyè ap antre nan bouch li, li te mèt ap ri, li vin serye.

Gen malerèz, depi l ap fè manje, li santi l gran fanm paske se pa tout vwazinaj ki ka monte chodyè chak jou. Moun nan kwit 2 ti mamit diri ak pwa, li pa ka fin manje l, gaz anpare l, li jete rès la, lè l ap joure ak yon lòt li di : « Mwen ka ba w manje wi. »

Jiskaprezan nou poko jwenn yon moun ki pa janm manje, san se pa yon bagay k ap ba l pwoblèm.

Dlo endispansab nan lavi nou, manje enpòtan anpil nan lavi nou.

Pa gen moun ki pa manje. Ou ka pa manje yon bagay, men w ap jwenn manje pa w la.

Nan liv sa a, mwen pote chapit sa a ki se Grangou, yon fason pou m fè nou konprann sa ka rive ou pa abitye ak manje paske ou pa jwenn manje souvan. Konsa, ou ka pa janm rive nan etap pou ou grangou pou fè zak sal oubyen djòb ki pa sanble w oubyen pou grangou blaze w tankou vye twal blan pachiman.

Kèlkeswa ran sosyal ou, koulè po w, mwen vle pou youn ede lòt, lè youn di w li grangou.

Jès ki piti a se li ki pi enpòtan. Ann reflechi sou timoun lari yo k ap brase pou manje sèlman, yo bliye lekòl.

Gen moun se bwòs ak pat ki fè yo mete men nan bouch yo, genyen se chak dimanch yo monte chodyè.

> « Pito mwen manje vant mwen pa plen, men mwen pataje. » **(BGman A.K.A., *Anyen*)**

Manje tèlman enpòtan pou yon moun, anvan doktè a ba w yon dòz li mande si w manje deja. Si l ba ou li san ou pa manje touswit l ap di w manje pou l pa ba ou pwoblèm.

Grangou sa a tèlman a fòs kounye a, ti bebe yo fèt je kale tou grangou.

Pandan w ap li sa a, si w te chich chanje anvan sa pi mal paske pral gen grangou.

An nou prepare pou li kounye a pou n kòmanse sòti nan pi piti rive nan pi gran.

Mwen al prepare manje pou m fè jès pa m nan, ou menm al fè jès pa w la.

Se nou tout ki pou goumen kont « povrete ekstrèm » nan jan premye minis Laurent Lamothe renmen di a.

An nou konbat ensekirite alimantè a pou n ka jwenn sekirite nasyonal n ap chache a.

Toupatou sou latè gen manje pou nou tout. Leta, sektè prive, òganizasyon yo, an nou mete men tout bon pou n konbat grangou paske li vrèman di lè yon moun fè jounen an san manje alevwa 3, 4 jou li pa manje.

Manje se sèl sibtans ki ka frennen vitès dwòg sa a. Si w pran plezi nan bwè kleren san manje ou pa lwen tebe.

Si w ap pran krak san manje ou pa lwen fou.

Si w ap fimen san manje ou pa lwen tonbe feblès.

Si se manje ou manje sèlman, mwen garanti w w ap anfòm menm lè ou mèg.

Tankou gwo Gito : « Mwen pa bwè kleren, mwen pa fimen, tout kòb mwen se pou m manje. »

DEPANSE POU MANJE

Nan tout bagay w ap achte, ke se pou kay ou oubyen pou kò ou, se pou manje ou depanse plis kòb. Rad, machin, kay ak anpil lòt bagay, ou pa achte sa chak jou.

Men manje se chak jou ou depanse pou li, se twa fwa ou dwe manje chak jou.

Gen yon zanmi ki di m : « Mwen pa gen pwoblèm dòmi, m pa toutouni, men chak jou mwen soufri grangou. Se pi gwo pwoblèm mwen depi m leve pou jis lè m pral kouche ankò. »

Mwen gen yon bon patnè m nou konn pataje ide ansanm. Patnè sa di m : « Depi w ap travay ak grannèg se pou bouch ou w ap travay paske se mezi kòb manje a l ap peye w. » Li te pran ekzanp moun k ap travay nan faktori yo. Yon jou gen yon patwon ki di yon travayè : « Kòb y ap peye w pa jou a pa menm kòb taksi pou m vin travay chak jou. »

Gen yon demwazèl k ap travay nan faktori ki di mwen anvan li touche li gentan dwe machann manje kòb la.

Mezanmi, se pou manje nou depanse plis nan lavi nou. An reyalite grangou se yon dwòg natirèl paske depi ou leve maten ou poko manje, ou poko wè kote manje ou ap sòti ou poko wè klè. Jan moun ki fimen, bwè, pike, rale a pral chache l kèlkeswa kote li ye a se konsa moun ki grangou ap chache manje nan tout kwen. Gen moun ki fè ovèdoz nan grangou, swa l mouri oubyen li dekonpoze.

KIJAN YON MOUN BYEN MANJE ?

Yon moun byen manje, se lè li respekte rejim alimantè yo. Li manje sa li dwe manje maten, midi menm jan pou aswè. Konsa li gen lipid, glisid, ak anpil lòt gwo vitamin.Yon moun ki byen manje, kò a ap devlope ak sèvo a alèz. Se pa manje yon sèl kalte manje twa fwa pa jou ki pou di w ap byen manje. Se pa manje san bwè ki pou ou di ou byen manje.

Mwen t ap pale ak Doktè Moïse, li di m aprè yon repa maten, chak aprè 1è tan ou ta dwe bwè yon ji, ou amize bouch ou pou kenbe kò a pou l ka tann lòt repa ki pral vini an.

ÈSKE NOU KA FRENNEN GRANGOU ?

Mwen pa yon espesyalis nan zafè sosyal ni yon agwonòm, men gen yon kiltivatè ki ban m kèk gwo pawòl sou kesyon sa a, men fòk nou li ak bon sans paske chapit k ap vini aprè a ki se Nèg mòn pale sou sa.

Men dapre eksperyans mwen, etid mwen fè m wè kèk bagay sou kesyon frennen grangou a.

Epi nan paj 20 an, mwen pote 10 konsèy pou ralanti grangou sou vitès li ye a.

Pa bliye Bib la ki se reprezantan pawòl Bondye sou Tè a di pral gen anpil grangou sou Tè a.

Jiska prezan, se pa tout peyi sou Tè a moun soufri grangou. Pandan nou konnen gen gwo òganizasyon entènasyonal swadizan k ap kwape grangou. Poutan moun toujou ap mouri grangou nan peyi tyèmond yo tankou lakay nou Ayiti ki gen pwogram Aba grangou, se chak jou moun ap fè manifestasyon pou manje.

KISA W PANSE DE PWOGRAM ABA GRANGOU A ?

Aba grangou se yon gwo non, yon gwo mouvman gouvènman Martelly-Lamothe la mete kanpe pou Ede pèp nan zafè manje. Aba grangou se pa bay moun nan yon plat manje chak jou oubyen lè l grangou.

« Olye ou ban m yon pen, pito ou montre m kijan pou mwen fè l. » (Pawòl lakay)

Paske ou p ap la chak jou pou ede m nan grangou.

Grangou se yon gwo bout tonton pwoblèm !

> « Si vant ou plen, antouraj ou grangou sikolojikman ou grangou tou. » ***(BGman A.K.A., Anyen)***

Sa vin rann moun ap kache pou manje paske pi fò moun pa jwenn manje.

Tank bagay yo ap pi di, se tank ap gen plis grangou, tank ap gen moun chich se tank ap gen plis visye.

Sèl anba lang se sirèt rezistans tout pitit Sòyèt ki vle kenbe diyite yo anba dwòg sa a. Nenpòt jan sa ye y ap kenbe olye pou y al kanpe nan ran goumen pou plat manje bese tèt, fè zak sal. M konnen gen yon pakèt pitit malerèz ki rive ak tèt anlè ki pa t janm kite grangou detounen yo sou wout pozitif yo.

Aba grangou te ka bon pou tout moun si nou te mete plis prensip ladann pou l sevi tout moun. Gouvenman Martelly-Lamothe la pa la ankò. Ki gouvènman k ap kontinye ak pwogram sa a ?

Aba grangou, Viv manje. Men manje pa janm gen pouvwa.

Mwen pote 10 konsèy pou ralanti grangou sou vitès li ye a. Konsa n ap ka kenbe menm lè grangou a ta vin pi di.

10 KONSÈY POU RALANTI GRANGOU

Mwen panse konsèy sa yo ak eksperyans w ap fè chak jou ap ede w kontwole pi byen vitès dwòg sa a, menm si nou konnen gen yon politik k ap brase bil li. Gen peyi, yon santim monte sou yon pwodwi, yo fè manifestasyon kraze brize. Poutan nan peyi d Ayiti se pa gwo moso kòb monte sou bagay moun bezwen pou manje. Leta pa janm di anyen.

Bagay yo monte tèt nèg, pi fò nèg pa ka achte. Ebyen bagay yo monte je vèt.

1. Ankouraje tè a ba nou kantite pwodwi n ap bezwen yo
2. Fòk granmoun yo aprann timoun yo pataje ak lòt epi renmen lòt
3. Aprann konnen moun pa viv de manje sèlman
4. Fòk gen bon manje gou nan tout legliz, lekòl, lopital, prizon ak nan tout rankont yo
5. Djòb oubyen anplwa pou tout moun ki kapab
6. Katouch dwe vann pi chè pase pwodui premye nesesite yo
7. Kleren, sigarèt pa dwe vann pi ba pri ke yon plat manje
8. Pa repwoche lòt pou manje
9. Se pa kantin, men se restoran k ap vann manje a ba pri nan tout kwen
10. Travay epi priye pou Bondye ba nou manje chak jou.

LAKAY GRANGOU

Se kèk moman *ay* dwòg sa a fè lakay, pase nan anpil depatman, komin, katye, seksyon kominal, lakou pou rive anndan kay.

Moun yo konn rive fè ovèdoz, sou, gen bèl koulè tankou moun ki sot fimen, bwè, pike, rale nenpòt lòt dwòg estimilan oubyen estipefyan. *Ay* sa a dwòl, ou pa ka konpare l ak okenn lòt *ay* moun jwenn nan fimen, bwè, pike, rale dwòg.

> « Sa kòz m al mande prete menm nan men timoun ki pa ran m. » **(C. Projects, *Papa san travay*)**

Lakay grangou lontan sa ! Moun lakay konnen sa yo rele grangou, yo ka jere *ay* la, men lè anpil nan nou mouri nan ovèdòz, kokobe nan kò oubyen nan lespri, lakay chaje kou Legba ak grangou, se tankou yon izin k ap fè kleren oubyen kokayin.

Leta, lajistis, lapolis tout kote ap chache dwòg, ap ekri gwo lwa sou dwòg. Si yo ta jwenn yon jwen bòz nan men w, w ap pran prizon, w ap peye amann, m pa bezwen di w si se ta lòt gwo dwòg yo. Poutan grangou ka fè w pi *ay* pase *ay* ki gen nan dwòg sa yo, fè w fè sa ki sal pase moun ki fimen, bwè, pike, rale.

Lakay chaje òganizasyon lokal kou entènasyonal ki di y ap goumen pou kwape grangou, poutan si yo t ap arete moun ki grangou pa t ap gen ase asyèt ak bòl pou moun manje.Vwazinaj toujou ap voye bòl manje kwit, pote manje kri pou lakay, se atò lakay pa bon.

Timoun lakay fenk kare ap kriye pou manje, granmoun lakay fenk kare wè manje nen yo pa konn ki gou li ye. Moun lakay fenk kare ap fè tripotay pou manje.

Aksyon kont grangou, Pwogram pou bay Mond lan Manje, gen yon bann moun ki la pou dechouke dwòg sa a.

> « Y ap ofri w dlo sikre poutan ji kowosòl ki nan gode yo. » **(B.I.C.)**

Dirijan sou dirijan, izin grangou a pa janm kanpe.Y ap veye moun k ap dwoge, men depi w di w grangou yo wè w raz e kòmsi ou pa dwe grangou.

Lakay ap manje labou ak siwo, bouyi mango vèt, souse grenn sèl, boukannen grenn kenèp. Menm chen lakay pa atrape depi anlè ankò. Dwòg sa a fè moun yo preske manje wòch. Lakay gen pase de syèk depi l ap goumen ak yon move tan, mizè, salte. Tout moun lakay pito chita fè politik mizè olye yo wete lakay nan grangou.

Lakay grangou, mwen pa rele etranje pou m di sa, mwen p ap pote kwi mwen lakay zòt. Se pou tout moun lakay pran rekonsabilite yo, pou nou retire l nan sa a, pou jenerasyon sa k ap vini a pa jwenn nou nan eta sal sa a.Tout moun lakay gen kouraj, nou ka travay, se pou nou sispann fè manifestasyon voye ale. Se pou nou tout pran wou, kouto digo pou nou ale plante, sa ki pa kab envesti ladann, ankouraje sa ki kapab yo pou nou ka jwenn manje pou nou bay lakay.

Depi nou ka bay lakay manje, zòt p ap pote vye diri pou ba nou maladi sik, vye ji pou ba nou kansè. Lakay grangou se pa politik ni nouvèl pou etranje voye oubyen pote tchyanpan pou lakay. Men se yon mesaj pou tout moun lakay konnen se nou ki pou ede tèt nou, konnen sa nou renmen, sa ki bon pou nou, pou etranje sispann pote sa yo vle pou nou. Nou te konn ap voye ba yo, kounye a se yo k ap voye ba nou, nou te konn ap vann yo, kounye a se nou k ap achte nan men yo. Lakay se lakay ! Lakay ap toujou lakay. Nou tout di nou renmen lakay. Si se vre ann sove lakay paske lakay GRANGOU.

MANJE VS BWÈ

Mwen pote yon bèl istwa pou moun ki renmen li istwa. Timoun, jèn, granmoun, sa ap entèrese nou paske gen moun ki renmen manje, genyen ki renmen bwè. Anvan ou komanse li istwa sa a, m ap poze w yon kesyon : Manje ak bwè sa w pi bezwen ?

R-..

Li fè 8tè 20 nan maten, drapo apèn fin monte.

Manje tcheke Bwè lakay li.

Manje parèt tou cho :

– Yo w ! Yo w ! Sa k genyen, manzè, ou toujou dous frèt ? Sa k regle ?

Bwè di :

– Mwen poze, ou konnen !

Manje di :

– Pandan m ap vini la a mwen tande tout moun nan lari a ap mande pou mwen.

Bwè di :

– Sa y ap di konsa ?

Manje di :

– Yo di « yo bezwen Manje » !

Bwè di :

– Se pou sa m kache la a wi, mwen tande y ap di yo bezwen Bwè.

Manje di :

– Manti ! Mwen gen plis moun ki bezwen m pase w.

Bwè di :

– Oke ! Ann pran lari a pou n wè kiyès moun yo plis bezwen.

Manje di :

– Oke ! Kijan n ap pran lari a ?

Bwè di :

– Jan nou ye a.

Manje di :

– Non machè, si nou parèt konsa, premye moun ki wè nou an ap tou fini avè nou. N ap degize an moun pou n fè sa.

Bwè di :

– Oke !

Distans w ap li istwa a Bwè gentan tounen yon jèn demwazèl byen bwòdè.

Manje menm tounen yon bèl bredjenn byen fre.

Mesyedam yo pran lari pou match la, tout wout la y ap pale ki kote yo pral kanpe, men depi yon moun manke site non yo y ap tounen sa yo te ye anvan. Yo deside kanpe avni La République ki bay sou ri Monseigneur Guilloux a.

Mesyedam yo pral poze moun k ap pase kesyon manje ak bwè sa yo pi bezwen.

Bwè wè yon bèl demwazèl ap pase li di :

– Bonjou demwazèl. Manje ak bwè sa w pi bezwen ?

Demwazèl la di :

– Mwen pa moun ou bezwen an, tande !

Manje menm wè yon pèsonaj ap pase, li di :

– Bonjou papa, yon kesyon m ap poze wi. Manje ak bwè sa w pi bezwen ?

Pèsonaj la di :

– Retire w devan m nan pou m pa rele bare.

Match la vanse, lè a ap monte mòn. Pa gen moun ki vle reponn kesyon an, tout moun yo pè yo pou estil yo, jan yo abiye, ak jan y ap pale.

Chak lè van vante Bwè vin pi fre, sant Manje menm anvayi zòn nan.

Men te gen yon rasta ki te poze pi ba, li t ap swiv mouvman yo, pandan l te mennen Gloryson pitit li fè 4 foto idantite rapid, piti a ap di l li grangou. Rasta ap fè prese pou l mennen li manje.

Li tande yon vwa di :

– Eyy ! Rasta !

Lè l vire, li wè yon bredjenn k ap vin jwenn li. Bredjenn nan di :

– Rasta, yon kesyon m ap poze w. Manje ak bwè sa w pi bezwen ?

Rasta reponn li :

– Pandan w ap pale anpil la a, sa k fè ou pa ale montre m yon kote pou m al manje ?

Bredjenn lan tounen yon gwo bòl manje byen dekore tou cho. Rasta sezi !

Lè l voye je l, li wè yon demwazèl k ap tranble.

Gloryson di :

– Rasta, ou pa wè manzè sanble ak yon bagay pou bwè ?

Demwazèl la tounen yon gwo po ji.

Rasta ak Gloryson ale chita sou plas pijon an, yo byen manje, byen bwè epi separe.

Se konsa mwen t ap medite, mwen tou ekri ti istwa sa sou Manje ak Bwè.

Manje + Bwè = Bòn apeti.

NÈG MÒN

Se avèk anpil plezi kè kontan m ap itilize Lespri, plimapapye pou mwen ekri chapit sa a sou nèg mòn.

Depi m fèt mwen tande moun ap di moun nèg mòn. Depi ou pa sòti nan kapital la, pou anpil moun ou se nèg mòn si w se fanm ou pa gen estil, ou pa eklere ou se fanm mòn.

Men n ap chita sou gason yo. Depi w pa bòzò, ou pa byen kanpe, ou pa pale langaj moun ki nan kapital la pale ou se nèg mòn. Lè m kòmanse pi gran, mwen konprann kilè yon moun se moun mòn :

Nèg mòn se pa yon jouman !

Tout moun k ap li liv sa a, nou pral li yon istwa sou nèg mòn. Kòm dabitid, se verite nou ekri nan liv sa a.

ISTWA NÈG MÒN

Nèg mòn pa fèt nan Pòtoprens ki se kapital peyi d Ayiti. Li sòti lwen, lwen vil depatman l lan. Nan 7e seksyon kominal li a. Tan kòmanse ap vanse li pa peye bourik, men li peye moto mete l nan bouk seksyon an. Apre, li gen konbyen pas dlo pou l janbe ak kèk kilomèt wout pou l fè a pye. Se tout wout sa a m te fè pou m t ale wè zanmi m sa a, pou n te fè ti brase lide, ale nan jaden, vizite zòn yo ansanm.

Nèg mòn ap pale.

Mwen leve, m jwenn papa m mouri, m te ka gen 14 rekòt kafe konsa. Se mwen ak manman m ki fin vye, menm laj li li pa konnen byen. Mwen gen de ti sè ak yon ti frè, mwen pa nèg ki twò abitye ak lekòl. Paran m te mete m lekòl men pa rapò jan papa m te vin ap travay, tè di pa t ban m tan pou m te rete lekòl vre.

Se mwen ki pou leve bonè pou ale chanje bèt, mennen yo bwè dlo, distans pou m tounen ale lekòl lè a gentan rive, m tou rete nan **jaden** an ak papa m.

Se sa k fè m ka ekri non m men m ap pran tan pou m fè chak lèt yo.

Lè m kòmanse ap antre nan laj majè yo, yon jou m leve m wè 2 wou, kouto digo, sèpèt ak bout manchèt, plan pwa, mayi ak anpil lòt semans, plis pase 2 kawo tè gaye nan tout kanton an, 2 bèf, yon pòte kabrit, yon chwal ak anpil poul papa m kite nan lakou a kòm byen.

Papa m te toujou di m : « Se nèg mòn m ye ! »

Abitan k ap travay tè pou fè manje pou moun manje, li te di m : Pa gen pi gwo byen ke sa nou wè la yo m ap mouri kite pou nou. Fòk nou travay yo, pa kite yo pèdi.

Yon maten mwen leve, m pran wou m, m mete vye kanson m sou mwen, m pran wout jaden an pou m al travay. Mwen desann nan ravin nan kote papa m gen yon tè dèyè mòn nan, la chak jou m ap plante, sekle, kenbe menm travay papa m te konn fè a. Lè m p ap retire gwo zèb, m ap fè aspèsyon, chak jou m ap travay di pou tè a ka bay manje. Menm lè nou pa gen gwo mwayen pou travay la byen fèt, ak ti sa nou genyen an, ti eksperyans nou konnen an, nou rive fè tè a bay manje pou tout moun manje.

KILÈ OU SE NÈG MÒN ?

Ou se nèg mòn lè ou rete lwen kapital peyi a, oubyen ou rete dèyè mòn. M se nèg mòn paske vrèman vre m rete dèyè yon pakèt mòn, pa gen dlo, pa gen kouran. Si m pa al lavil la m p ap wè machin, m p ap wè limyè, m pa ka pran tout estasyon radyo, mwen pa menm bezwen di w pou estasyon televizyon. M pa ka fache si yo rele m nèg mòn.

Se nèg mòn ki gen jaden ki leve bonè, menm jan ak tonton Tenyo solèy pa janm jwenn li nan kabann. Se konsa tout nèg mòn ye.

Bonè aktivite yo kòmanse.

Woy ! Eskize m men konpè Jera ak wou li, li prale nan kònbit pou l ka sakle jaden l.

Pandan l nan ravin nan, li wè Jera k ap pase anwo a.

Nèg mòn :

– Bonjou Konpèèè.

Konpè Jera :

– Woyyy ! Konpèèè, e aktivite yo, nèggg ?

Nèg mòn :

– Solèy k ap kankannen jaden, ou konnen lapli pa tonbe, nèggg.

Konpè Jera **:**

– Se konsa wi, nègg, mwen ap monte pou m wè sa m ka fè anba solèy la.

Nèg mòn :

– Se sa wi, konpè, mwen ap degaje m anba solèy la.

Sou tout wout la se konsa nèg ap ankouraje nèg travay paske yo tout la pou menm ka a, e yo kwè, epi yo renmen sa y ap fè a.

KIBÒ KI NAN MÒN NAN ?

Nan mòn se yon langaj kreyòl yo itilize pou moun ki sòti andeyò kapital, pou fransè a se *province*. Gen anpil moun ki prale nan mòn chak jou ki pa janm konnen si se nan mòn yo ye paske gen bagay yo panse ki pa genyen nan mòn poutan yo wè l, konsa gen bagay y ap chache nan mòn yo, yo pa janm wè l sitou nan mòn lakay mwen Ayiti.

Nan mòn gaye nan tout kat pwen kadinal yo, pou plen tout depatman yo ki pote non awondisman, komin, kanton ki dirije ak yon choukèt lawouze oubyen yon chèf seksyon ki kounye a pote non Azèk, Kazèk.

Yon vil ka kapital ekonomik yon peyi, poutan li se mòn pou kapital santral la, kote santral gouvènman ye a. Nenpòt chofè ka lage w nan mòn men fò w konnen nan ki mòn ou prale.

Nèg mòn ! Èske Tè a ka bay tout moun manje ?

Wi ! Tè a ka bay tout moun manje paske chak depatman yo gen yon manje diferan yo fè.

Bondye ki mèt Tè a beni chak grenn bagay ou mete nan tè a.

Sa toujou fè nou menm nèg mòn mal lè nou tande Leta ale achte manje nan men lòt peyi, poutan se travay moun lòt peyi yo travay tè. Se tankou yo pi nèg mòn pase nou.

Se pa priye ou priye pou manje desann. Lakay pa m, nou fè : manyòk, pwa, pannenm, depal, mayi, patat, kann, pitimi, joumou, mazonbèl, yanm, legim, militon, berejèn, arawout, kalalou ak anpil lòt viv moun ka manje.

Èske nan mòn pa gen grangou ?

Zanmi m, tout kote sou Tè sa a gen grangou! Men nou menm, moun mòn, nou jere sa yon jan.

Kijan ?

Tankou nou nan mwa mayi, se mayi k ap kase pou fè mayi moulen pou n al vann nan mache. Si rekòt pa w la poko pare n ap prete w pou remèt li lè pa w pare. Si se bannann ou genyen ou bay li pou mayi, sa vle di youn kouvri pou lòt. Konsa, van grangou a pa twò vante nou menm jan ak moun Pòtoprens yo mwen tande k ap di grangou wòz, grangou klowòks.

« Timoun mòn se timoun ki leve nan bòk. » (Pawòl Tant Dede)

« Moun mòn se moun ki sòti nan manje, ki abitye ak anpil manje. » (Pawòl Grann Silfane)

– Rasta, pandan n ap pale de grangou a, gen yon sal bab ki pare la a, ann ale fè kèk kout kiyè, ou mèt ale manje lakay, medam yo ap pote pa m nan pou mwen nan jaden an.

– Oke Nègmòn !

– Pa gen danje, Nègvil !

Lè m rive nan lakou a, m tande tout timoun yo ap rele m :

– Nègjaden, Nègraje, ki sa ou te manje maten an ?

– Nègmòn te fè m goute yon bout doukounou ak zaboka epi kafe wi.

– E sa m konnen ! Alfò Nègmòn pa janm pa gen bout patat bouyi, mayi boukannen ak zaboka.

– Ebyen nou kite yon sal bab pou ou wi.

Lè m rive sou tab la, sa m wè m pa ka pale, yon bouyon ki gen tout kalite fèy, donmbrèy, vyann, afiba ak anpil viv, sa te fè m sonje manman m.

Lè m tounen, mwen wè Nègmòn chita dèyè yon ti kay pay nan jaden an, plat li bò kote l, li kage wou l bò kote l, l ap reflechi.

Nègmòn ap reflechi…

Wi ! Tout bon vre, mwen se Nègmòn, pi gwo kote m konnen nan kapital la se mache Kwabosal.

Se la mwen ale vann pwodwi yo. M ap travay di chak jou pou m fè tè a rann, pou m fè manje pou tout yon peyi, men pa gen okenn Leta ki la pou ankouraje mwen vre. Malgre tout sa yo di yo pral fè pou peyizan yo, depi sou papa m rive sou mwen, pawòl sa yo pa janm ateri.

Depi ou di nèg mòn, anpil moun wè se nèg sal, moun sòt, malfektè, lougarou paske pa gen okenn Leta ki pran agrikilti a oserye pou fè tout moun konprann pi byen yon moun mòn. Anpil jaden ap pèdi pou tèt pa gen dlo pou wouze, pa gen medikaman pou plant yo, nou pa jwenn angrè, manje yo ap pouri paske pa gen wout pou machin vin pran yo pou pote yo lavil la.

Nou pa jwenn kouran, pa gen lekòl nan komin yo ak seksyon kominal yo.

Moun Pòtoprens pran tout moun mòn pou dyab ; moun mòn menm pran tout moun Pòtoprens pou vòlè. Poutan nou sou menm Tè a, nou pale menm lang, nou gen menm drapo.

Mwen ta renmen tout komin ak seksyon kominal yo gen kouran, wout, dlo, bon jan lekòl, pou tout pitit peyizan jwenn lopital. Mwen vle yon Leta ki enterese nan agrikilti, ki depanse nan moun mòn yo pou vant nou pa sou kont lòt peyi.

Se nou menm nèg mòn ki ka fè Ayiti vèt, fè nou rejwenn sa nou te pèdi a. Nou menm moun mòn, nou travay di pou Ayiti rive la. Leta ki pa janm defann nou an, pi fò nan yo se pitit moun mòn k ap travay tè ki voye pitit yo vin lekòl Pòtoprens, ki vin Prezidan, enjenyè, doktè, avoka, pwofesè, atis, k ap jere anpil gwo plas nan Leta, kou nan prive. M pa bezwen pran egzanp, nou konnen yo e yo toujou ap di se pitit peyizan yo ye, malgre peyizan toujou ap travay ak pantalon pyese, vye chemiz chire, pye atè.

Vizyon nèg mòn

Gade jan tout tèt mòn yo vèt ak anpil pyebwa, anpil zèb vèt, bèl teras fèt tout kote, kanal fèt nan ravin yo ! Lè gen siklòn, van lapli, dlo pa pote jaden yo ale, gen latrin nan lakou yo, abitan yo pa ale kaka nan raje, nou gen bank agrikòl k ap ba nou kredi.

Tout peyi a bèl ! Moun yo ap byen manje, yo bèl tankou moun nan liv Temwen Jewova yo. Gen kouran nan seksyon kominal yo, Leta bati bon inivèsite nan mòn yo, peyizan yo alfabetize, yo ekri lang yo pale a.

Se traktè k ap raboure tè pou n plante, nou gen kay, anpil dispansè pou bay peyizan yo swen. Touris vin vizite nou, pwodwi nou ap vann nan tout kwen Tè a, ni moun mòn, ni sa k sòti nan plèn, ni sa k sòti nan vil fè yon sèl pou yo sove Ayiti.

Aaa ! Jan yo te di Ayisyen p ap ka janm viv ansanm, gade ki jan nou tout alèz nan peyi nou !

Sa m ap viv la pa fouti pa yon vizyon, ban m kanpe pou m wè si se vre…

Bon, men Rasta tou ap vini !

Rasta :

– Nègmòn, sa w genyen ou wè m ou tou leve kanpe konsa ?

Nègmòn :

– Ou te di m ou prale pita, se kounye a m sonje sa, m pral sele chwal la pou n ale vizite kanton an.

Rasta :

– Bon bagay ! Kisa ki nèg raje a ?

Nègmòn :

– Depi ou di m sa, medam yo k ap rele w konsa. Sa vle di ou pase tout tan ou nan jaden.

Rasta :

– Konpè, mèsi pou bouyon an wi.

Nèg mòn :

– Bondye beni w ! Èske ou konn monte chwal ?

Rasta :

– Mwen pa twò fò.

Mwen ak Nègmòn ap vizite tout seksyon yo sou chwal, m wè gen plas pou tout moun nan peyi a rete. Gen espas pou kreye travay pou tout moun, nou pa t bezwen ale koupe kann, plante zonyon pou lòt nasyon. Nou te ka fè sa lakay nou si Leta t ap ankadre nou vre.

Chak kote m pase m wè peyizan yo ap gade m, se Pòtoprens yo wè moun nan estil sa yo, men yo te akeyi m ak anpil respè.

Nègmòn yo gen anpil vizyon, yo kwè nan tèt yo, yo konn travay, yo konnen sa yo vo. An nou akonpanye yo. Leta, sektè prive, depanse nan yo, pa pran yo pou dyab.

Yo te la anvan nou, se yo ki te revòlte anvan kont blan ki te mete moun nwa yo ann esklav depi pase 300 ane.

Se yo ki te konn ap fè sik, plante kann, koton, kafe. Se yo ki te konn mawon, se yo tou ki te konn mete pwazon nan dlo yo pou touye blan yo. Se yo ki toujou la pou ba nou pitimi, sitwon, piman, siv, echalòt, kawòt, tomat, chou, diri peyi, tchen tchen, lam, kakawo ak tout kalte pwa ak anpil bagay nou toujou bezwen pou manje.

> « Mayi bouyi, zaboka mi, ladous ki vyen kenèp, ann pote kole pou n sipòte pwodiksyon nasyonal la. » **(Rap'n Family)**

Rasta di Nègmòn :

– Ou chante gwo chante wi !

– Wi, mwen te desann Pòtoprens, se youn nan mizik ki te make m anpil, jan atis yo t ap chante pou manje peyi, si moun mòn yo pa desann kapital la p ap manje.

Mwen te Pòtoprens nan mwa me, mwen t ap tande Mèt Fèy Vèt (Harry Nicolas) ki t ap pale nan radyo, li te fè m fyè jan li t ap ankouraje moun pou yo manje plis sa ki sòti nan tè lakay yo.

Jou tout Ayisyen bay moun mòn yo valè, n ap rive jwenn sekrè ak trezò zansèt yo te mouri kite pou nou yo.

Se travay tè ki te fè fòs nou, se fèy nan bwa ki te geri gwo maleng blan yo te konn kite sou kò nou, se fèy nan bwa ki te geri kèlkeswa maladi nou te konn genyen. Maladi pa te touye nou konsa, se manje peyi nou ki konn grandi bebe nou yo, se moun mòn yo ki te fè nou « La Perle des Antilles », peyi rich ak manje, anpil solèy, bèl mòn vèt, bèl plaj, bèl moun.

> « Lanati se pa nou, konn enpòtans plant yo,
> medikaman ak fèy yo ka geri malad yo. »
> **(Blaze One, *Remèd fèy*)**

Pandan m ap vizite kanton an, mwen ap fè ti refleksyon pa m tou ki pa baze sou politik.

Mwen te poze yon abitan kesyon :

– Èske ou konnen non minis Agrikilti a ak non Premye minis la ?

Rapid li te reponn mwen :

– Non !

Sou tout wout la n ap pataje ide, youn ap poze lòt kesyon ki ka ede nou vanse san pa genyen politik nan sa, men nou konnen genyen yon politik k ap jere sa. Kifè se panse nou ka panse ak rèv nou ka fè sèlman.

Rasta :

– Sa ki fè zòn nan blanch konsa ? Kote jèn yo ?

Nègmòn :

– Se lè vakans w ap wè plis jèn isit la, yo tout desann Pòtoprens.

Rasta :

Sa y al regle konsa ?

Nègmòn :

– Sa ki ale chache lavi Pòtoprens, anpil nan yo ale lekòl tou paske depi paran yo gen yon ti kòb li pap kite pitit li leve isit la nèt. Fòk li pase Pòtoprens pou l ka eklere.

Sa fè m sonje yon jou m te ale nan mòn, te genyen yon ti gason 12 lane ki t ap kriye pou m te vin montre l Pòtoprens paske lè timoun yo vin an vakans, yo toujou ap pale de sa yo wè nan televizyon, li ta renmen konnen yo.

Tout pwoblèm sa yo vin rann jèn yo pa ka rete nan mòn yo ankò, yo oblije desann Pòtoprens menm si yo pa genyen anyen y ap jere vre.

> « Kiyès ki di w nèg andeyò konn bay piyay ? » **(Big Jim, RockFam, *Refè l ankò*)**

> « Mwen se nèg mòn pou lavi, mwen fyè pou m di l, pa gen lontan m ap viv isit. » **(Dug G, *Men Vibe la*)**

Se yo ki tounen Asefi nan mizik Fantom nan e Dyedone nan mizik Prensès Tia a.

> « Nèg mòn yo toujou bon sou nèg kapital, yo pa gen konplèks, pou lajan y ap fè nenpòt djòb ki sal. » **(DRZ, *Gèp nwa mizè peyi m*)**

Nan vizit mwen an m te kwaze ak Grann Yaya ki la depi sou Okipasyon meriken, li toujou rete djanm ap travay tè, manje manje peyi. Li t ap di m sa ki fè gen anpil moun mòn nan kapital la konsa.

Se sou prezidan Papa Dòk ki se François Duvalier, lè l t ap pran pouvwa 22 sektanm 1957, li te fè ranmase anpil abitan mennen Pòtoprens pou rele Avi Duvalier. Depi lè sa a, kapital la chaje ak moun mòn paske se pa tout moun ki te tounen nan bitasyon yo.

Mwen te pase ale salye Azèk la ak tout Kazèk la. Sa te fè m tris anpil pou jis jodi a, lè m t ap gade yon ekip timoun sal, rad chire, pye atè nan yon fredi. Kay Azèk la, genyen ki di m yo genyen yon sèl veso pye yo mete chak lè yo pral fè yon wout lwen.Yo pase plis tan pye atè, toutouni chèf la pa gen mwayen pou ede yo.

Mwen te wè yon pakèt bagay, genyen ki fè m plezi, konsa genyen anpil ki fè m tris chak lè m sonje yo e mwen aprann yon pakèt bagay m pa t konnen m vin pataje ti kal nan sa m wè. Si w bezwen wè plis e konnen plis, kounye a se ou menm ki pou ale vizite yo.

Mòn yo se lakay nou, moun mòn yo se gran paran nou.

Mwen pa t ap rete pou lontan paske m te gen lòt kote m t ap pase.

Rasta :

– Se te yon plezi pou mwen wi, Nègmòn, pou m te pase ti moman sa a avèk ou.

Nègmòn di :

– M kontan anpil tou wi pou ti moman sa a ou te vin pase avè nou ak tout ide nou te pataje ansanm yo. Ou vin nan yon moman se bagay n ap mete nan tè, pa gen kichòy ki pare.

– Mwen ta renmen wè w yon lòt lè, lè sa a w ap fè plis jou avè nou isit la.

– Pòt nou ouvè pou nenpòt moun ki vle vizite mòn yo, nou la, n ap tann ou.

Se istwa sa a m pote pou nou, sou fòm yon brase lide. M konnen li te fè w ri men ann panse yon lòt jan pou moun mòn yo.

Kijan moun mòn yo viv ?

Moun mòn yo viv tankou frè ak sè. Si w poko ale nan mòn ou p ap konprann sa m ekri la a. Sou tout wout ou wè timoun kou granmoun ap di w bonjou san yo pa bezwen konnen w. Si w pase ou pa salye yo, yo tou wè ou pa moun mòn paske se konsa tout moun mòn yo sèvi.

Moun mòn yo pa bezwen plis pase sa, yo konn viv antre yo, bay tèt yo manje, sekirite san prezans Leta.

FORÈDÈPEN

Se avèk anpil plezi kè kontan m ap itilize Lespri, plimapapye pou mwen ekri chapit sa a sou Forèdèpen.

Forèdèpen se yon gwo forè, yon richès natirel. Li kòmanse abite nan ane 1915, sou Okipasyon meriken. Nan ane 1978, sou prezidan Jean-Claude Duvalier, li vin sou depatman Lwès la, ti kras bat sou Sidès ak Lès tou pre Sendomeng, sou komin Fon Vèrèt. Tè Frèt, Barasa, Mabèf, Oryani, Gwo Chwal, Jaden Bwa, Mariklè, Kònèy, Mabanda, Fanchon, Lanni, Savann Bourik, Morisèt, Boukanchat, Chapoten, Boukan Fèdinan, Bwapen Kouvè, tout se zòn tanpon, lokalite, seksyon kominal ki fè pati Forèdèpen. Anpil moun toujou ap pran Tyòt pou Forèdèpen, men youn pa lòt. Anpil moun pa t twò konnen Forèdèpen, poutan gen yon pakèt moun Forè ki ap viv nan kapital la.

Nou pral vizite Forè a, wè tout enpòtans li ak danje ki kapab genyen si nou pa pran responsablite pou jere sèl grenn forè nou an.

FONVÈRÈT

Pou m pale de Forèdèpen fòk mwen fè yon ti rale sou chèf komin nan ki se Fonvèrèt, ki pataje menm sikonskripsyon ak Gantye, sa vle di, yo gen yon depite pou yo de. Men, yo chak gen katèl majistra pa yo. Fonvèrèt se yon gwo vil, yon bèl vil, ki toujou viktim chak lè dat lapli. M pa pale de gwo katastwòf natirèl kite kraze vil la plat, e, pote ale tout sa vil la te genyen kòm bote l. Leta pa janm pran okenn desizyon pou ranje vil la. Ni pou dedomaje moun yo, pandan yo sinistre.

Se sèl kote ou pa janm tande y ap pale de li, ki pa janm nan manifestasyon pou mete ni wete chèf. Yo viv ak sa yo genyen ki se agrikilti, nanm mòn lan.

Se yon zòn ki bati depi sou Okipasyon meriken. Yo fete chak 27 jen sen patwon zòn nan ki se Notre-Dame du Perpétuel Secours, san prezans Leta. Se legliz la, jèn nan zòn nan ak granmoun yo ki mete tèt ansanm pou fè fèt sa a chak ane.

Mwen pa ka pale de Forèdèpen pou m pa pale de siri. Siri se te kèk konpayi etranje ki te vin travay nan Forè a. Konpayi sa yo te la pou koupe pyebwa pen pou fè planch ale vann nan peyi etranje. Siri te bay moun ki sòti nan zòn tanpon yo travay. Se konsa Forè a vin gen moun abite ladann. Shada se te premye konpayi ki te rive nan Forè a sou prezidan Dumarsais Estimé ki ta pral bati kèk site pou travayè yo rete, ak fè basen pou kenbe dlo lapli pou moun yo ka sèvi.

Aprè, ta pral gen lòt konpayi siri tankou Préval ak Amèl ki te 2 dènyè konpayi ki te konn fè menm travay ak konpayi Shada. Menm lè rejim bout di a te monte, nan ane 1957, Papa Dòk te fèmen tout konpayi siri yo. Nan ane, 1980, Jean-Claude Duvalier te mete tout konpayi deyò e remèt Forèdèpen bay Damyen. Depi lè sa a, se Damyen ak ministè Anviwonman k ap jere forè a pou anpeche moun koupe pye bwapen epi rebwaze forè a.

MACHE FORÈDÈPEN

Pandan mwen t ap vizite mòn yo, te rive Forèdèpen. Se te yon jou samdi, m te wè gen yon mache. Mwen te pase fè yon ti mache. Mwen te sezi wè valè manje Forèdèpen pwodwi. Mayi, depal, chou, kawòt, militon, pòmdetè, pwa frans, bannann ak anpil lòt viv.

Mache Forèdèpen se youn nan 3 pi gwo mache nan depatman Lwès la, ki reyini plis pase 50 000 moun chak samdi. Se pi gwo lwazi komin Fonvèrèt la. Se pi gwo fòs ekonomik komin nan.

Men mache a sal, plen kaka bèt nan tout kwen. Se yon mache ki pran tout zòn nan, li pa yon kote dirèk. Ou pa wè prezans Leta nan mache a. Pa gen latrin, sa vin rann zòn nan toujou sal. Mache Forèdèpen an gen gwo enpotans pou mache Kwabosal paske madan sara Forè yo se Kwabosal yo toujou vann tout pwodwi Forè a fè yo.

Jodi a, m ap pale de Forèdèpen se aprè vizit mwen nan mòn yo. Mwen te pase yon moman nan Bwavèna, se youn nan pi bèl kote nan Forè a. Se vilaj ki bati depi sou konpayi Shada, ki rezève pou etranje ki vin vizite. Se yon richès natirèl ki neglije. Yon sèl dispansè, yon lekòl nasyonal primè ki bati depi sou prezidan Élie Lescot, yon legliz katolik, ak 2 ou 3 antèn konpayi telefòn yo fenk mete, ak yon biwo ministè Anvironman k ap kontwole Forè a. Pa gen lòt biwo Leta, ou pa wè prezans lapolis. Pou fè yon manda, fòk ou ale Fonvèrèt. Ou mal pou pran yon estasyon radyo.

FORÈDÈPEN : YON PATRIMWàN POU NOU SOVE !

Nou ka vann tout sit touris ki genyen nan Forè a. Ministè Touris genlè pa menm konnen yo paske mwen pa janm tande li pale de yo.

SE PYEBWA PEN YO KI FÈ VIzAJ FORÈ A

Wi ! Pa gen forè san pyebwa ak raje. Nou tout konnen sa. Pou nou toujou pale de forèdèpen fòk toujou gen anpil pyebwa epi plis pase sa nou gen deja.

Jodi a, an nou vire gade Forè a : pa gen wout, pa gen kouran, moun yo se ak dlo lapli yo fè tout bagay. Si lapli pa tonbe ap gen gwo pwoblèm.

Moun yo koupe pyebwa pen yo pou fè chabon ak planch. Tèt mòn yo kale tankou tèt ki gen pyas, se mizè pwoblèm k ap domine abitan yo.

Lè m t ap kite Forè a pou m antre nan kapital la, mwen te pase nan yon bann vye wout ki nan mòn, ki bay sou falèz tankou : Koub Siwo, Mòn Fann, Mòn Seza yo bay ti non **Chen pa jwenn**.

Moun yo gen plis pase yon syèk depi y ap viv nan doulè sa a, chak lè w ap pase mòn Seza se ak kè kase paske depi machin woule avè w menm chen pa jwenn ou, 2 machin paka kwaze nan wout sa a. Se prezidan Estimé ki ki te fè wout pou mennen w Forèdèpen pou debouche sou Sidès.

FORÈDÈPEN zÒN FREDI

Forèdèpen se yon zòn ki fè frèt anpil, zòn anpil pyebwa pen. Bèl pyebwa byen wo ki kouvri tout kwen nan zòn nan. Bwa pen ki pa menm jan ak pye pichpen sa nou gen anpil tou an n Ayiti. Tout kwen zòn nan kouvri ak pyebwa pen, sa vin rann solèy pa twò rive ak menm chalè a sou zòn nan.

Anpil fredi, menm jan ak anpil peyi etranje tout bagay jele, glas pa twò sèvi la. Moun ki la depi nan ane 1920 rive 1980 yo te konn wè nèj anba pyebwa pen yo. Lè nou an n ivè se te 6° a 8°santigrad tanperati a te konn desann. Men depi Jean-Claude Duvalier fin kite peyi a, Forè a vin debwaze, tout siri yo ki te la pou jere forè a vin kanpe. Malgre tout pwoblèm debwazman zòn nan ap sibi, toujou gen fredi nan Forè a ak anpil pyebwa pen.

Sa m renmen lè m nan fredi Forè a, se jan moun yo ye nan fredi a, jan yo abiye. Yo drive tout gwo mak jakèt, sitè atis yo kale kò yo, jèn la yo toujou *swag* tankou moun k ap viv Nouyòk yo.

Si Leta mete bon wout ak kouran, pwòpte nan Forè a, Forè a ap leve eskanp figi peyi a.

Men se domaj ki fè domaje ! Tout prezidan ak minis Anviwonnman ak Agrikilti nou toujou genyen yo se chòv ak tèt kale yo ye, yo pa renmen *dread* nan tèt. Ki fè yo koupe tout pyebwa nan tèt mòn yo, yo kite tout tèt mòn yo blanch tankou tèt ki gen pyas.

Forèdèpen gen yon pakèt sit ki kapab fè touris vini oubyen voye likid, tankou jan chante Freshla Vwadèzil la di l.

1) Mwen vle pale de Gwòt toutè nan Mabèl. Yon gwòt esklav yo te fè pou yo te ka fè reyinyon epi travèse nan lòt lokalite. Yo tèlman bliye li bouche. Mòn lasèl nan Gwochwal, mòn ki pi wo nan peyi d Ayiti sous Senlwi nan Senlwi d Ayiti. Yon gwo sous depi lè Endyen yo te abite sou tè a : Ravin Ge. Forèdèpen gen Bwavèna, mòn kabrit, yon pisin piblik ak anpil bèl bagay ki ka fè touris plezi.

Se sèl pyebwa pen yo ki fè fòs Fòrè a ki ban nou lòt tanperati diferan men yo prèske fin koupe tout pyebwa yo.

Te gen 32 mil ekta tè ki kouvri ak pyebwa pen. Kounye a gen 6 mil ekta tè sèlman ki kouvri ak bwapen. Nan anviwon 30 lane nou pèdi plis pase 20 mil ekta tè nan forè a. Moun yo pran pou abite e fè jaden.

« Si Forè gen yon ti kout je tankou Pak Lavizit, Fò Jak, mwen pa t ap vin Pòtoprens, vin bwè dlo cho. »

> « Se paske peyi m nan pa gen Leta ki fè tèt mòn yo pa gen pyebwa. » **(Barikad Crew, *Toutouni*, kanaval 2015)**

Pyebwa yo se cheve nan tèt mòn yo, pa koupe yo pou fè chabon, sitou pyebwa vèt yo. Tout Ayisyen renmen limen dife ak bwa pen men se pa yo tout ki konnen yon pyebwa pen e ki konnen valè yon pyebwa pen. Yon pyebwa pen genyen anpil rezistans pou l viv, li gen anpil enèji, li pote anpil frechè. Se li ki fè Kenskòf, Segen, Forè a gen tout fredi sa a.

Nou te vin jwenn li la, an nou goumen pou gen plis pyebwa pen nan Forè a. Si nou vle Forè a vin pi bèl epi toujou genyen anpil fredi, fò nou sispann bati pil sou pil pou zòn nan pa tounen yon bidonvil ak anpil ti koridò nan Forè a.

Nan epòk lontan se blan panyòl, franse ak meriken yo ki te konn jwi fredi sa a, se yo ki te vini ak developman pou Forè a nan bati bèl kay ak tout chemine, fè gwo basen pou kenbe dlo lapli, trase wout.

Timoun ki fèt nan ane 1980 rive anvan 2000 te gen tan jwenn glas nan mwa desanm. Lè yo te mete dlo nan gode dòmi sou do kay, nan demen li te fè glas.

Si w panse vizite Forè a, sonje mache ak jakèt, bone, gan, lenn ak tout sa ou konnen ki kwape fredi paske depi w di Forè ou wè anpil fredi.

Sou sijè sa a, m ap fè kèk kout Plimapapye pou abitan Forèdèpen ki pa janm mize lavil, paske vil la fè twò cho pou yo, ak tout lòt ki te ban m konsèy pou m ekri yon chapit nan liv sa a sou Forèdèpen pou yo silvouplè : Ernest Augustin, Gérard Jean Pierre, Junior Dérozmé, Siliane Domond, Agwonòm Bien-Aimé Gummex, ton Fritz, les frères Désir, fanmi Verdieu, fanmi Contant, fanmi Payen, fanmi Noël, baz Oryani an, tout medanm Forèdèpen yo, palman brase lide jèn sou mache yo, timoun ki toujou ap souri avè m yo, ansyen jenerasyon an ki akeyi m kòm pitit kay, ak ou menm ki pran tan w pou li, pou konprann, konprann pou aprann, aprann pou byen travay.

Se nan wout m te ye pou m antre Pòtoprens, m te pase nan galèt Fonvèrèt, se atè plat moun yo fè mache a, e nou konnen kisa move tan toujou fè Fonvèrèt.

Kiyès k ap vini ak chanjman pou moun Fonvèrèt ?

DESANTRALIzASYON

Abitan pa mize lavil, se pawòl gran abitan lontan yo…

Epa kounye a, abitan pi renmen Pòtoprens pase lakay yo nan mòn kote yo sòti a. Abitan pa jwenn djòb ak ankadreman, sa fè jèn kou granmoun pa vle rete nan mòn ankò.

> « Mwen gen bèl vilaj mwen kite, m fè yon kout je dèyè pou m gade, chak segonn m santi m enpasyante, lè m rive nan vil la m etone. » **(Dutty ak Sissy, *Lavi Pòtoprens*)**

Chak jou, Leta ap pale de desantralizasyon, men yo poko janm gen plan pou sa vre. 65 % moun k ap viv nan kapital la se moun mòn ki la depi sou Papa Dòk Duvalier. Yo fè yon pakèt pitit, yo plen byen nan kapital la. Èske se sou papye w yo pral gade si w se nèg mòn ou byen sou vizaj ou ?

Se pou nou kòmanse desantre sèvis Leta yo, biwo prive yo, mete yo nan tout mòn yo, nan seksyon kominal yo. Konsa, « pou yon kat idantite nou pa bezwen vin Pòtoprens » tankou Gracia Delva te chante a.

Konsa tout moun ap rete nan vil yo, pou regle zafè yo.Yo p ap vin pa pakèt nan kapital la tankou se chen k ap chache fre.

Se Pòtoprens ki te gen plis moun mouri nan tranblemanntè ki te pase madi 12 janvye 2010 la.

Anpil nan moun yo te sòti byen lwen, vin fè yon pyès idantite, vin peye sa yo dwe Leta.

Yo mouri paske se Pòtoprens tout sèvis yo gonfle. Depi mòn yo gen tout sèvis yo n ap sezi wè moun yo ale viv lakay yo san tèt chaje paske lakay se lakay. Kapital la ap pran yon souf. N ap jwenn vre prens ak prensès yo nan Pòtoprens.

PÒTOPRENS SE POU PRENS

Gen abitan ki pa gen pwoblèm dòmi ni manje men pou yo ka wè limyè yo vin dòmi sou plas, fè ladesant kay moun Pòtoprens, fè potè, bayakou, chany, vann dlo nan kapital la.

Tank bagay yo ap vin pi di nan mòn yo, se tank kapital la ap pi chaje ak moun.

N ap toujou chante Pòtoprens kwense tankou Baz Amò.

> « Nou di abitan al plante pou nou ka jwenn manje, poutan sa nou vle konsome se pwodwi etranje. » **(Klass, *Eritaj sakre*)**

SA M WÈ, SA M KONPRANN

Aprè m te rive lakay mwen nan Pòtoprens, m te chita nan biwo m, mwen t ap medite sou sa m te wè. Kijan m konprann jan moun mòn yo ap viv, abitasyon yo, lakou yo ak lokalite yo.

Nou tout ka wè menm jan, men nou pa konprann menm jan.

Lektè m yo ! Mwen konnen anpil nan nou abitye al vizite mòn yo, konsa gen anpil moun mòn ki te li volim 1 an.

Sa m wè : kit se nan Nò, nan Sid, nan Lès ak nan Lwès pou m di tout 10 depatman peyi d Ayiti yo gen espwa lavi ka pi bèl pou moun mòn yo.

Mwen wè : chaje tè ki vid, abitan pa ka plante, moun yo pa ka jwenn tè pou yo rete. Jan abitan yo ap viv pa janm chanje. Depi sou Prezidan Bann Machwè te toujou pa gen wout ak kouran, lekòl, lopital. Pou jwenn yon bokit dlo ou gen konbyen kilomèt wout pou fè sou bourik oubyen apye. Estasyon radyo dominiken kouvri tout kanton yo. Timoun nan seksyon kominal yo pa jwenn lwazi pou jwi tan timoun yo, pa gen plas piblik, se kouri nan tout raje chak jou.

Fanm mòn se fanm ki konn degaje yo, se fanm vanyan, fanm djanm, fanm ki konn bay gason manje.

Nèg mòn se nèg ki gen jaden, nèg ki travay di.

Moun mòn yo respekte bitasyon gran paran yo; menm lè yo pa ka jere espri yo, yo sèvi yo. Lakou, demanbre yo se poto mitan, Fanmi an se pye bannann, ou menm ou se fèy la, ou mèt lonje se la pou pliye.

Lokalite yo toujou rete menm jan, kay yo pa pil sou pil men yo toujou fèt ak tè pentire ak lacho oubyen tè jòn, kay yo toujou fèt an bwa, oubyen an pay. Chak fanmi rete nan lakou yo ak bèl distans kay yon lòt fanmi.

Se yon ti kal nan sa mwen sonje m te wè ki se tout sa k ap pase chak jou, chak mwa, chak ane nan mòn yo, ki pa janm chanje.

Kijan mwen konprann sa m wè yo ?

Sa m konprann : Mwen konprann pa gen chèf Leta ki respekte peyi d Ayiti e ki renmen Jean Jacques Dessalines.

Nou ka pa konprann menm jan, men nou wè, nou viv menm bagay nan mòn yo.

Nan 21^{yèm} syèk la, pou abitan yo poko janm bwè dlo trete, yo poko janm gen latrin, se pa konfò modèn non m ap pale, se latrin. Mòn yo toujou sinistre menm si yo p ap mande èd, men yo bezwen anpil èd pou yo chanje jan y ap viv. Sa fè m konprann Leta konsidere moun mòn yo kou esklav toujou. Chèn nan sòti nan men ak nan pye nou men li mare, kadnase nan mantalite nou.

Prezidan Aristide monte 7 fevriye 2001 li di : Li pral depanse nan peyizan yo pou nou ka genyen lapè nan vant, poutan nou te toujou ap achte manje nan men lòt nasyon yo.

Prezidan Préval monte 14 me 2006 li di : Li pral fè refòm agrè, tout cha MINISTA yo pral tounen traktè pou ede peyizan travay tè. Peyizan yo toujou gen pwoblèm angrè pou plante, yo toujou ap redi di pou sekle ak vye bout wou, kouto digo.

Prezidan Martelly monte 14 me 2011 li di : Li se repons peyizan yo, yo pral tounen biznismann, poutan sezon peyizan ap pèdi poutèt kòb.

Se peyizan ki travay pi di, se yo ki touche pi piti. Si yo pa plante pou yo vann, yo p ap fè kòb, e lè yo antre nan laj, yo pa ka travay, yo pa jwenn asistans Leta.

Moun mòn yo pa konnen bon doktè, se ak divinò, medsen fèy yo abitye, se nan avoka mòn yo kwè ki bay bon jistis.

Sa m konprann ak sa mwen wè yo gen dwa diferan avèk ou men ou viv yo menm jan avèk mwen.

Se moun mòn yo ki bon jan Ayisyen, se yo ki pale kreyòl, se yo ki sèvi ak bagay lakay, se yo ki abitye ak fè nwa, se yo ki pa kopye sou lòt nasyon.

Moun mòn yo pa Mawozo !

Mawozo se $6^{yèm}$ seksyon kominal sou komin Gantye nan depatman Lwès la ki pa gen menm ankadreman ak moun k ap viv nan Pòtoprens. M vle fè nou konprann Mawozo pa yon jouman, ni yon defo, se yon lokalite.

Si w di yon Ayisyen mawozo l ap tèlman fache w ap sezi tande tout vye pawòl li te gen nan bouch li pou ou.

Gen yon Ekwatoryen ki te vin Ayiti, li te gen yon Ayisyen k ap montre l pale kreyòl.

Yon jou, Ayisyen an ale nan bal ak Ekwatoryen an, li ba l yon fanm pou l danse konpa. Ekwatoryen pa t konn danse konpa. Ayisyen an pran ri, li di :

– Ou se yon mawozo.

Men, Ayisyen an pa t konn kondi machin.

Yon jou Ekwatoryen an bay Ayisyen an kondwi machin li an. Ayisyen an di :

– Mwen pa konn kondi.

Ekwatoryen an tonbe ri, li di :

– Ou se yon mawozo tou.

Ayisyen an tèlman fache, li di pawòl Ekwatoryen an pa t janm konprann.

– Mwen ta di w nan kisa m mawozo a wi !

Si w di yon Ayisyen mawozo kreyòl l ap tèlman fache se tankou ou te bat manman l.

Leta, sektè prive, òganizasyon lokal kou entènasyonal, fè wè prezans nou pou mòn yo ka tankou paradi. Yo bèl, nou ka fè yo pi bèl, ann fè l kounye a anvan tout abitan yo fin demisyone tankou Jesifra Lestomak.

Nou renmen manje peyizan yo, nou renmen di yo Mawozo nèg mòn.

> « Abitan pa janm jwenn jistis e poutan se yo ki redi souple. » **(John Steve Brunache, *Makaya*)**

KWABOSAL

Se toujou ak menm plezi kontantman an m ap itilize lespri, plimapapye pou mwen ekri chapit sa a sou mache Kwabosal.

Kwabosal se yon mache ki pran nesans depi lè blan te mennen premye bato esklav yo nan kontinan Amerik la nan ane 1503. Se konsa nou pral genyen gwo mache entènasyonal sa a. Kote tout mond lan ap vin achte moun po nwa nan mache Kwabosal pou ale mete yo nan esklavaj. Esklavaj nou te konnen an ! Kisa ki ta pral rive ak vye mouvman sa a ? Blan yo te mete moun po nwa yo nan esklavaj pandan plis pase 300 ane.

Ayiti, peyi kote mache Kwabosal la ye a, te leve kanpe kont esklavaj pou te bay moun po nwa yo libète nan lane 1804.

Mache : se kote moun vann pou moun vin achte.

Tankou yon devinèt lakay ki di konbyen moun ki fè yon mache.

Se 3 moun ki fè yon mache :

1^{ye} moun nan : machann ki vin vann nan mache.

$2^{\text{yèm}}$ moun nan : moun ki vin achte nan mache.

$3^{\text{yèm}}$ moun nan : vòlè a ki la pou fè mache a mache.

Definisyon yon devinèt lakay

Bosal : ki vle di sovaj, bèt. Se non sa a yo te bay nèg ak nègès ki te vin nan bato, ki te sòti nan kontinan Afrik la yo te vin vann kòm esklav.

Se sou plis pase 700 000 mèt kare tè, sa vle di 54 kawo tè konsa, mache Kwabosal ap ouvè kò l nan mitan kapital peyi d Ayiti.

Se sa yo ak anpil lòt nou pral li pou konprann nan liv sa.

Depi 1990, nan ane demokrasi Ayiti, mache Kwabosal vin retounen nan aktyalite a. Tout kalite moun ap antre sòti ladann chak jou.

Plis pase 1 milyon moun ap mennen aktivite la. Gwo machann, ti machann, moun anba kou moun anwo, moun lavil kou moun mòn ap brase kòb nan dlo sal, fatra, labou, solèy cho. Moun sou moun, pa gen espas pou machin pase, machandiz yo pran tout lari a.

Chak jou, Kwabosal tankou lè gen kanaval, se nan près pou pase tèlman gen anpil moun k ap vini nan mache a.

Kwabosal reprezante yon gwo moso nan ekonomi peyi a. Se Kwabosal ki fè fanmi m gen lajan jodi a. Se manman m ki te vin vann an detay, kounye a li gen depo pa l, papa m gen magazen, sa fè yo popilè anpil nan mache a.

« Pale Ayiti mal men pa pale Kwabosal mal. » (Pawòl yon jèn etidyan nan dyaspora)

Croix-des-Bossales se an franse, men nan lang kreyòl lakay se Kwabosal.

Lè mwen te timoun, m te konn bay yon devinèt ki di : « Ekri Kwabosal ! » Ou menm ki pa konnen ou ekri l, ou pèdi. Se pa ekri pou ekri, se fè yon ti kwa nenpòt kote epi bo l aprè ou sal li, ou ekri Kwabosal.

Anpil timoun *ghetto* sonje ti devinèt sa a.

Kwabosal se yon patrimwan pou n sove pou n ankadre, pou n mete anvan paske se li ki te pi gwo mache esklav nan mond lan. Pa gen okenn Leta ki janm sonje sa vre.

Chak 1ye janvye, nou fete Endepandans Ayiti, 18 me se pou Drapo, 18 novanm se pou Vètyè. Men pa janm gen yon jou pou mache Kwabosal ki te fè nou genyen tout ewo nou yo. Se la yo te premye vini.

KI KOTE KWABOSAL LA YE ?

Pou moun ki pa konnen Kwabosal yo, mache a nan depatman Lwès la, nan vil kapital Ayiti.

Sou plis pase 700 000 mèt kare tè. Li long, li laj anpil, li nan mitan boulva Jean-Jacques Dessalines ak Boulva Harry Truman anndan Lasalin ak Fòtouwon. Mwen ka di tou mache a gen waf li ak pò li paske li pa lwen waf Jeremi ni APN. Li gen sen patwon li ki se Sen Jozèf yo fete chak 19 mas.

Pou mwen, tout anba lavil la se mache Kwabosal la. Se pi gwo mache peyi a genyen. Tout 10 depatman yo ladann.

Anvan nou ale pi lwen, nou pral fè yon dekouvèt ansanm. Gen moun se sèl Kwabosal yo konnen.

Poutan gen de zòn ki fè mache Kwabosal la. Si w konnen yo, bravo. Si w pa konnen yo, nou pral fè yon ti rale sou zòn sa yo.

Anvan tout detay, anpil respè, lanmou, bon konprann, kouraj pou tout moun k ap viv nan zòn sa yo.

LASALIN AK FÒTOUWON

Mwen pa ka ap pale de mache Kwabosal pou m pa pale de 2 zòn sa yo ki anndan mache a. 2 zòn sa yo, se Kafou Labatwa ki separe yo nan ane 2001. Zòn sa yo toujou ap goumen pou jere mache a, anpil jèn gason rive pèdi lavi yo, peri nan prizon, mawon lwen zòn yo pou kòz mache sa a, paske se la yo jere kòb manje fanmi yo. Youn pa vle bay lòt legen pou gwo byen sa a, ni yo p ap mete tèt ansanm pou jere l. Nou sonje Ronald Kadav ak anpil lòt chèf mache sa a pase ki sòti Lasalin oubyen Fòtouwon.

Lasalin anwo, Fòtouwon anba epi Kwabosal nan mitan. Pandan ou Kwabosal, nenpòt ti kafou ou janbe ka mete w Lasalin oubyen Fòtouwon paske ou pa wè diferans ki genyen an vre.

Lasalin ak Fòtouwon se 2 *ghetto* nan Pòtoprens la, tou pre Bèlè, pa twò lwen Site Solèy. Si w ap vini pa Aviyasyon, w ap jwenn Lasalin anvan. Depi ou bò Sen Jan Bosko, w ap antre nan ri Desmangles, ou deja Lasalin ; si w ap vini pa bò mache Ipolit, sa nou rele mache an fè a, w ap antre nan nenpòt ri, ou deja Fòtouwon.

Anvan plis detay, m te oblije fè ti rale sa a sou 2 zòn sa yo ki kenbe Kwabosal la pwòp e ki bay tout depo ki nan mache a sekirite. Fòk ou peye komite zòn sa yo.

Chak machann ap bay yon ti monnen, sa pral depann valè komès ou genyen paske se nèg sa yo ki la tout jounen tout nwit, k ap asire sekirite mache a.

Lasalin ak Fòtouwon, nou se yon sèl ! Pa goumen, mete tèt nou ansanm pou nou jwenn bon jan ankadreman pou mache a ka reprezante sa li dwe ye a. Pa kite yo politize nou, pa kite ti monnen ap fè youn rayi lòt.

Nou fò ! Nou gran ! Pa dwe gen anwo ni anba, nou tout la pou defann mache a. Lè lòt moun yo vin nan mache a, se nou yo pran pou twazyèm moun ki fè mache a, sa vle di nou se vòlè. Tout zak ki fèt nan Kwabosal la se nou ki pote chay la.

« Rat manje kann, zandolit mouri inosan. »

Yo toujou pran nou pou bosal, pou bèt. Yo di nou lèd, nou sal, nou sòt, yo bliye si se lakay nou ki gen pi gwo lekòl pwofesyonèl. Poutan, se sou nou yo fè masak. Nou se senbòl demokrasi, yo toujou vin chache nou pou nou revòlte, men yo pa janm vle fè nou evolye.

Lasalin ak Fòtouwon di ansyen prezidan J.B. Aristide mèsi, li menm ki te ba yo yon lise ak yon pakèt bèl kay modèn.

Pòt nou ouvè pou tout moun ki vle chanjman pou zòn nan. Chanjman Kwabosal se chanjman Lasalin ak Fòtouwon.

KONBYEN GOUVÈNMAN KI PANSE A MACHE KWABOSAL ?

Mache Kwabosal genlè pa pou Leta paske pa gen anpil gouvéneman ki panse a Kwabosal la vre.

Mwen sonje sou Lavalas la, nan ane 1997, prezidan René G. Préval te fè mete beton atè nan mache a pou amelyore kondisyon jan machann yo t ap vann nan labou a. Men sa pa t regle twòp bagay pou mache a, pa gen tè ankò men gen labou pi rèd. Si gen yon lòt, se gouvènman Lespwa.

Machann yo

Machann yo se premye fòs ki fè mache a, depi Kwabosal Kwabosal.

Kwabosal te toujou genyen machann k ap vann, se yo ki pase tout bon ak move moman nan mache a. Yo pa janm dekouraje, yo toujou reponn prezan, ki fè nou ka pale de mache a.

Jou machann Kwabosal sa yo ta fè grèv, yo pa vin vann, se lè sa a nou pral wè grangou.

Yon ti machann ki rele Lovely di :

« Depi mwen Kwabosal m ka fè komès ak 100 goud, m ap achte yon panye zoranj si oubyen piman, m ap pwomennen l, pandan jounen an m ap vann 3-4 panye. M ap fè 100 % 100 sou li, m ap manje, m ap peye sòl, m ap antre ak kòb lakay mwen. »

Amarant, yon gwo machann, di :

« Mwen toujou prè pou m vann lòt ti machann k ap vann an detay yo paske lè aprè midi se yo ki pral fè w fè kòb sòl la, mwen ba yo machandiz, y al pwomennen l, pita yo vin peye m. »

Bon aleken, chenjanbe, anba dra, akoupi m chaje. Si w bezwen konn gou sa yo se Kwabosal pou ale. Chak 30 minit, yon machann manje diferan pare.

Guerdie di :

« Si w koute bouch ou Kwabosal, ou p ap fè benefis sou sa ou vin vann nan. Gen moun ki ale vann Kwabosal bouch yo fè yo pa ka fè kòb la paske manje Kwabosal gen yon gou ou paka jwenn okenn lòt kote. Maten mwen bwè te, soup, m manje aleken, m bwè ji. Tanzantan mwen bat bouch mwen nan yon fridòdòy, midi m manje yon plat manje ak sòs, m bwè ji. Distans pou l 3zè, m gentan pran yon bannann bouyi ak zòrèy kochon, m bwè yon ji glase, tanzantan fò m bat bouch mwen. Lè m prale pita m bwè yon bouyon, yon ji kole epi m pote pou lakay mwen.

Se konsa jounen yon gwo machann kòmanse e fini nan mache Kwabosal. »

Si w se ti machann ou gen yon jan pou ye !

Si w kopye sou gwo machann sa yo, ou p ap wè kote lajan w pase, w ap di se vòlè oubyen awousa ki rale kòb ou.

Mache Kwabosal gen tout kalite machann. Sa te fè m sezi ! Nan vizit mwen yo nan mache a, se fi kou gason k ap vann kouraj yo. Depi w di « Men yon chay ! », moun gentan kouvri w pou pote l, kèlkeswa jan li te lou pou ou, w ap jwenn yon bosal k ap pote l, mete l kote ou bezwen l lan, depi ou peye l. Mwen di bosal se pou m kenbe menm non an, Kwabosal…

Si w bezwen konn jouman, di betiz sal, al bay machann Kwabosal move pri pou afè yo.

KIJAN MACHANN YO VANN ANNDAN MACHE A ?

Likidasyon pa dire. Lanbè nan prizon, mwen bezwen pran ka Lanbè. Men yon aleken k ap mande m fanm. Men bon ji kole k ap mande m nèg.

Se konsa depi ou antre nan mache a, chak machann ap mete eslogan, mete may pou rale kliyan.

Machann yo ap vann nan yon bèl anbyans, ni gwo machann, ni ti machann.

Nan mache Kwabosal pa gen komès fi, ni komès gason.

Gwo machann yo ! Se sa yo ki gen gwo treto oubyen gerit k ap vann angwo oubyen andetay.

Ti machann yo, se sa yo k ap vann sou beton an oubyen k ap pwomennen.

KIYÈS KI BAY MACHE A SEKIRITE ?

Mwen pa vle pale de lapolis oubyen ajan meri Pòtoprens yo pou sekirite mache a paske depi sou rejim makout la se Delhomme François ki te vini ak plan sekirite mache a, ki fè kounye a nou gen tout jèn gason Lasalin ak Fòtouwon ki vin jere sa.

Nou sonje Ronald Kadav, nou site non sa a pou pi popilè.

« Polis yo pase yon lè konsa. Depi ti mesye yo mande nou yon bagay nou ba yo l paske se yo ki la pou sekirite nou. » (Pawòl yon machann)

MAKRÈL NAN MACHE KWABOSAL LA !

Depi w di makrèl, tout Ayisyen konprann ki sa ou vle pale. Men sa a diferan. Se pa makrèl epav k ap fè zen, ki pa chache anyen pou yo fè. Ou menm k ap li chapit sa a, ou ka tande pale de Kay Gwo Manman nan Maryani, Bèl Ayiti sou Gran Ri, Mache anba nan Kwabosal. Se yon lòt mache anndan mache Kwabosal la ki ouvè depi 6zè nan a swè pou jis nannwit nèt. La, ou jwenn yon pakèt bèl grenn fanm ayisyèn byen anfòm k ap ofri w kò yo pou kòb.

Depi w Kwabosal w ap tande tout gwo kreyòl rèk yo, w ap wè tout sa ou pa ta renmen wè.

Kounye a, biznis makrèl la vin gen plis fanm ladann e li prèske pran tout Kwabosal la. Li pa rete sèlman nan Mache Anba. Tout Sou Pay, Nan Ga, bò Mache anfè, tout sou gran ri, depi w ap fè zòn sa yo nannwit, w ap jwenn fanm k ap ofri w kò yo pou kòb.

Oryòl, yon potè nan Kwabosal la, di :

« Mwen pa gen pwoblèm anyen lè m Kwabosal, m manje, m bwè ak ti kras kòb epi m jwenn fanm pou piyay. »

Gen anpil nan fanm yo ki se machann Kwabosal nan maten, kou l nannwit yo fè yon lòt komès ak kò yo. Depi lanjelis tonbe, Kwabosal la vire an makrèl, tout kwen ou vire w ap wè gason ki kole ak fanm.

Gen yon ti gason 6 zan ki t ap pase ak manman l. Li wè de moun k ap fè bagay, li rele manman an :

– Gade jan de moun kole, y ap danse atè a jan ou te kole ak papa m nan.

Manman an di :

– Tonnè ! Se sa k fè m fout rayi pase la a a lè sa a…

Natacha, youn nan pi ansyen pèlen nan makrèl Kwabosal la, di :

« Se la mwen fè kòb kay ak kòb lekòl pitit mwen, lè gen afè tankou dat desanm ak kanaval, lè gen vakans, mwen antre ak pase mil goud chak swa, m manje, m peye sòl. »

Judith, youn manm makrèl la :

« Lè w nan makrèl Kwabosal la ou sou kontwòl ti mesye k ap veye mache a, yo p ap kite nèg fè kadejak sou ou, yo p ap kite vòlè fouye w. Men fòk ou pa chich pou byen brase la. »

Polis yo pa fin twò renmen mouvman an, yo pa pase souvan, yo plis vizite nou lè gen bandi k ap bay pwoblèm.

Gen anpil gwo moun ki gen kliyan yo la, men se nan nwit yo vini la.

Se konsa medam nan makrèl yo t ap pale avè m.

Mwen ekri reyalite k ap pase nan mache Kwabosal la chak jou. Ou menm k ap li chapit sa, nou vle pou konprann se reyalite peyi a. Ou ka wè li lèd, li bèl, li tris, li fè kè w kontan, men makrèl nan

Kwabosal se pa pou blaze fanm ayisyèn yo paske tout peyi gen fanm k ap vann kò yo, men se pou mete tout sa ki nan Kwabosal la an valè.

GA MACDONALD

Se yon lòt mache anndan Kwabosal la. Anvan tout detay sou Ga MacDonald se yon tren ki te konn pot moun Leyogàn-Lavil, Lavil-Leyogàn, se nan Kwabosal la estasyon an te ye, men sou Jean-Claude Duvalier, ansyen prezidan d Ayiti, tren MacDonald te vin pote kann sèlman. Apre rejim makout la te tonbe an 1986, zafè tren an te kanpe nèt. Timoun ki fèt apre dat sa pa konnen si Ayiti te gen tren. Se sa k fè nou jwenn anpil kote rele Sou ray. MacDonald se non youn nan tren ki te pi ansyen an Ayiti. Aprè ta pral gen lòt sou non Diesel.

Tren an vin kanpe, yo kite tout pak tren yo kanni, kraze, yo siye tout ray yo, vann yo ak lòt peyi. Kounye a nou vin gen MacDonald ki pa yon estasyon tren ankò, li vin yon pati nan mache Kwabosal la. Li gen machann bwa, klou, penti, jwèt aza ak anpil machann manje.

Nan Ga, manje pa chè

Se la lè gwo restoran yo pa fin vann nan lè pou yo fini an, yo voye manje a bay ti machann yo, pou yo lote l a ba pri. Mwen byen kwè nou tande pale de manje lote nan Kwabosal la. Mwen sonje mwen manje mayi kole ak pwa, legim vyann pou 25 goud, ji kole pou 10 goud, se pat kantin ni Ede Pèp.

Nan Ga, moun pa veye pou moun. Si w pa veye pòch ou ak sa ou pote, nenpòt moun ap fè l sou ou. Se konsa yon machann te fè m mete kontwòl sou pòch mwen.

« Lè m te piti, depi mwen ale ak manman m Kwabosal, fò n pase ale manje Nan Ga. » (Jimmy, yon jèn nan zòn Lali).

« Depi moun lakay mwen voye m Kwabosal m toujou di yo rale kòb la pandan m al achte Nan Ga. » (Jackson, Bèlè)

Chen Kwabosal pa janm pa gra ! E yo gen gwo maleng, boule oubyen kout manchèt.

Ga se mache a bon pri

Manje pou piyay ! Depi w Kwabosal ou pa ka grangou. Ak ti kras kòb w ap manje. Si w pa konnen ga MacDonald mwen envite w ale wè sa m ekri a se reyalite.

Se Kwabosal ki gen pi gwo komès pèpè (Sou Pay). Gen bouch ki di gen gwo magazen rad se la yo vin achte pèpè, aprè yo ale lave l, pase l, kwoke l pou yo fè w peye l byen chè.

Kwabosal la se fyete m, fyete w. Ann kore l, pa kite li pi mal pase sa n ap viv jodi a.

Leta, jwèt pou ou paske fòk Kwabosal la modènize.

Machann yo, pran konsyans paske mache a se lakay nou, ann kenbe l pwòp. Ou menm k ap vin achte, vin fè diferans lan, pa di se Kwabosal w ap vini pou vin fè l pi mal.

Tèt Bèf, Ipolit, Mache Dipò, Mache Milyon, Nan Gerit, Mache Valyè, tout se pitit manman mache sa a, Kwabosal.

Chak fwa dife pran nan youn nan mache sa yo, se Kwabosal la ou boule, se tankou ou te boule drapo peyi a. Chak dife ki pran, se plis pwoblèm pou labank, pou Leta, pou machann yo ak ou menm k ap vin achte nan mache yo. Tout sektè viktim lè yon dife pran nan mache yo. Ti dife, gwo dife, tout se dife.

Lendi 26 avril 2010 ! Apèn twa mwa depi tè a te tranble anba pye nou, yon gwo dife te pran anndan mache a, moun pat konnen kote dife sa a te sòti, li boule yon pakèt machandiz. Dife a te kòmanse a inè nan maten, ponpye te vini etèn li a sizè nan maten, prèske 6 zè tan depi yon dife te pran tou wouj anndan Kwabosal la. Gwo machann, ti machann, tout te nan menm pwoblém, malgre tout gwo defisi ki te fèt. Mache pa janm sispann boule an Ayiti, machann yo pa janm jwenn jistis. Lajistis pa janm kenbe youn nan moun ki mete dife nan mache yo.

Pòtoprens pa ka bèl si Kwabosal pa pwòp

Komisyon pa chay ! Gen yon jèn rapè ki sòti nan kapital la, tou pre Kwabosal, Delma 2, youn nan ghetto yo, zòn *de non-droit*, jan nou renmen di a, ki voye mesaj sa :

> « Di nèg yo sispann boule mache yo »
> **(MRJ,** ***An Ayiti*****)**.

KWABOSAL BAGAY YO PA CHÈ !

Ak nenpòt ti kras kòb ou genyen w ap achte sa w vle : fwi ak legim, rad, bagay pou kay, tòl, bwa, klou ak anpil lòt bagay. Se mache ki vann tout kalite tchyanpan: vye sandal, bout bokit kole, bouchon boutèy, tout kalite fèy nan bwa, « medikaman » pou fè maji. Se pa reklam ! Mwen konnen w ap jwenn tout bagay **Kwabosal** depi w gen kòb. Si w bezwen merilan w ap jwenn, si w bezwen bon bagay, w ap jwenn, sa pral depan de ou ak si kòb ou kont paske gen tout kalite bagay ou bezwen. Depi granmaten pou jis nannwit pi fò bagay nan mache a nan likidasyon.

Eskize m ! Mwen pa ka ap pale de machann, depo, magazen, bagay pa chè nan Kwabosal pou m pa pale de Hubert Lemaire, youn nan referans nan mache a, ke tout moun k ap vini nan mache a konnen, ki gen gwo magazen kenkay ki chanje non « tabak » an Lemè paske se devan magazen l nan tout machann tabak ki sòti nan mòn yo vin vann.

R.I.P. pou Hubert Lemaire, ansyen bòs lari a !

Gen machann ki vin vann chak sezon, ki pa twò la chak jou. Machann Jeremi, Ansavo, Forèdèpen, Latibonit ak anpil lòt machann mòn yo, sa nou rele « madan sara » yo, ki sòti nan 10 depatman peyi Ayiti. Gen mache chak depatman yo nan Kwabosal la.

« Ke pou m bay li pou piyay, mwen pito desann Kwabosal m al bay li a moun m pa konnen. » (Suze, yon Madan sara ki sòti nan mòn).

Si w vòlè youn nan machann sa yo, se tout k ap fè kò sou ou.

Tout Ayisyen konsène pou pwoteje patrimwàn sa a, moniman istorik sa a, premye mache esklav mond lan.

Se bwat sekrè moun pòv yo, se kòb kach moun rich yo.

Mache Kwabosal ka chanje, li dwe chanje. Politisyen yo ak tout lòt sektè yo, ann sispann fè politik sal, ann chanje imaj mache Kwabosal la.

LETA BLIYE, MACHANN YO NEGLIJE

Si se pou neglije ou ka neglije tou, men pa pase machann Kwabosal. Nou sonje oktòb 2008, inogirasyon yon bèl mache anndan Kwabosal la pou machann pèpè ak twal yo ki te fèt an prezans anbasadè Pedro A. C. Gonzalez ak premye minis Michèle D. Pierre-Louis gouvèneman Lespwa sou prezidan René G. Préval.

Gouvènman Venezyela Hugo Chavez la te depanse plis pase 1 906 976 dola ameriken pou amelyore kondisyon machann yo. Men machann yo pa te kenbe pwomès yo vre.

Yo tounen nan menm vye systèm jete fatra atè a. Machann yo bliye si mache a se kay yo. Li ta dwe toujou pwòp.

Revandike pou Leta pran responsabilite l pou mache a toujou rete bèl. Men machann yo kwè nan fè kòb nan salte a.

Mèt gwo magazen yo, moun ki pi rich nan mache a, labou a, fatra ki devan magazen yo pa deranje yo, malgre se la y ap vin fè kòb chak jou.

Apre yo te fin remèt machann yo plas nan nouvo mache a, yo te fè tèt yo pwomès y ap kenbe mache a pwòp. 6 mwa pa pase, devan pòt mache a gen yon gwo pil fatra ki pi wo pase tèt katedral. Mache a tounen jan li te ye anvan : yon depotwa fatra.

Ti machann, gwo machann yo, se la nou pase tout tan nou. Depi nan maten nou kite lakay nou, n ap antre byen ta. Pafwa nou menm dòmi nan depo yo sou treto yo. Se nou ki pou chanje imaj mache a pou Leta vini ak tout kondisyon pou mache a ka reprezante imaj kapital Ayiti.

MACHE KWABOSAL SE IMAJ KAPITAL LA

Meri Pòtoprens toujou pase pran kòb nan men machann yo pou bay sèvis pwòpte ak ijyèn nan mache a. Pandan nou konnen se atè a tou, nan mache a, dèyè treto yo oubyen bò yon ti kanal ki bay sou Boulva Harry Truman nan, machann yo fè bezwen yo.

Leta bliye, machann yo neglije mache a.

KISA KWABOSAL LA REPREzANTE ?

Mwen pa vle ap ekri kritik sèlman. Jan y ap pale sou mache a nan lari a ak sou Entènèt la, nan medya yo ni sa mache a reprezante jodi a. Mwen vini ak yon lòt ide mwen panse ki ka bon pou Ayiti pou chanje eskanp figi Kwabosal la. Kote se pa yon mache lè w vin ladann pou w ap mache ak kach nen pou vye sant santi, lè w sòti la ou pa ta oblije ale benyen.

Kwabosal reprezante premye mache zile a, inyon moun rich ak moun pòv yo.

Kote ki gen plis kòb bwase nannwit kou lajounen. Kote madan sara yo ta dwe jwenn otèl anndan mache a pou yo dòmi, espas pou atizan yo, yon mache modèl ki reponn ak tout prensip entènasyonal yo.

Nou ka mete an valè **ewo** nou yo. Touris ka vin achte tout pwodwi Ayisyen fè, sòti nan manje rive nan zèv atizana yo. Yon mache ki kouvri chak depatman yo, an lòd, tout bagay sou kontwòl Leta.

Se premye sit touris Ayiti genyen anvan zansèt nou yo ta pral fè lòt paske se la zansèt nou yo ta pral premye konnen sou tè a.

Lafrans, Angletè, Espay ak anpil lòt peyi ap sonje marabou nou yo gwo nèg kosto nou yo. Jenerasyon sa a ta renmen vizite Kwabosal tankou jan yo renmen vizite Mize Panteyon Nasyonal. Sitadèl ak tout sit istorik nou yo, fè plas pou akeyi Afriken ki vin Ayiti yo paske se la manman, papa yo te premye desann. Fè kwabosal la reviv pou nou sispann pale li mal.

Si Kòmandan Hugo Chavez te depanse tout kòb sa a pou mache a se paske l konnen ki sa Kwabosal la reprezante pou Amerik la.

Si nou ap panse yon lòt Ayiti, sonje mache Kwabosal tankou yon sit istorik ; si nou vle yon bèl Pòtoprens, panse Kwabosal la bezwen chanjman. Gen tan, gen lajan, poukisa nou pa fè Kwabosal reprezante sa l dwe reprezante pou pèp nwa ?

MEN SA KI NAN LIV LA